Francisco do Espírito Santo Neto
pelo espírito Hammed

Além do Horizonte

Conceitos para desenvolver uma visão integral

Os pensamentos contidos nesta obra
foram extraídos do livro **"A imensidão dos sentidos"**

O produto da venda desta obra é destinado à manutenção das atividades assistenciais da Sociedade Espírita "Boa Nova", de Catanduva, SP, que possui como um de seus departamentos a

boa nova

editora e distribuidora de livros espíritas.

Francisco do Espírito Santo Neto
pelo espírito Hammed

Além do Horizonte

Conceitos para desenvolver uma visão integral

boa nova
editora e distribuidora
de livros espíritas

Depto. da Sociedade Espírita Boa Nova
PABX (17) 521-2400 - Fax: (17) 521-2191
Av. Porto Ferreira, 1.031 - Caixa Postal 143
e-mail: boanova@boanova.org.br
site: www.boanovaonline.com.br
Catanduva - SP - CEP 15809-020

1ª edição
Novembro/2001
15.000 exemplares

Além do Horizonte

boa nova
editora e distribuidora
de livros espíritas

Capa: Paisagem canadense
Direção de arte: Francisco do Espírito Santo Neto
Designer: Jurandyr Godoy Bueno
Revisão: Paulo César de Camargo Lara
Editoração eletrônica feita a partir da digitação do próprio médium
Fotolitos: ArtScan
Impressão: Lis Gráfica e Editora Ltda.

Dados Internacionais de Catalogação na Publicação (CIP)
(Câmara Brasileira do Livro, SP, Brasil)

Hammed (Espírito) .
Além do horizonte / pelo espírito Hammed ; [psicografada por] Francisco do Espírito Santo Neto. -- Catanduva, SP : Boa Nova Editora, 2001. -- (Fonte de inspiração ; v. 3)

ISBN 85-86470-23-6

1. Espiritismo 2. Obras psicografadas I. Espírito Santo Neto, Francisco do. II. Título. III. Série.

01- 5789 CDD-133.93

Índices para catálogo sistemático:
1. Mensagens psicografadas : Espiritismo 133.93

pelo espírito Hammed
Espelho d'Água
pelo espírito Hammed
Além do Horizonte
pelo espírito Hammed
Sol do Amanhecer

Nota do Médium

Nestes pequenos livros* de frases-pensamentos condensamos algumas das idéias e reflexões mais felizes de nosso benfeitor Hammed. A meu ver, são livros de cabeceira natos, uma verdadeira coleção de citações sábias e luminosas que nos auxiliam a meditar sobre lições de vida eterna.

O leitor encontrará conceitos atinentes à Espiritualidade, à Natureza, ao Universo interno e externo em que vivemos, além de questionamentos profundos acerca dos atos e atitudes do próprio homem.

Nada, portanto, me foi mais gratifi-

---

* **Nota da Editora:** o médium se refere à coleção dos livros: "Sol do amanhecer", "Espelho d'água" e "Além do horizonte".

cante que recolher, em meio de várias idéias e máximas que me foram transmitidas através da mediunidade, frases e citações que me elucidaram dúvidas, me orientaram em decisões mais sérias e me fizeram repensar diferentes comportamentos dos seres humanos e inúmeras facetas da existência terrena.

Penso comigo mesmo: se estas páginas proporcionarem ao leitor a compreensão do mundo e a alegria de viver que a mim mesmo proporcionou, ficarei profundamente recompensado da finalidade que me animou na sua produção. E isso para mim será motivo de satisfação do dever cumprido, restando-me apenas solicitar aos Benfeitores Amigos que continuem me aceitando como modesto aprendiz das verdades imortais.

Francisco do Espírito Santo Neto

Catanduva, Agosto de 2001

O medo nos dá uma
sensação que aprisiona,
o pranto nos alivia,
o perdão nos liberta,
a mágoa nos adoece,
o amor nos cura,
a rigidez nos inibe,
a culpa nos constrange,
a ilusão nos entorpece,
o orgulho nos martiriza,
a crueldade nos agride,
a preocupação nos paralisa,
a ansiedade nos enfraquece,
a insegurança nos desmotiva.

Muitos de nós vivemos inconscientes da sutileza e alcance de nossos orgãos sensoriais, já que precisamos apenas de uma pequena quota de suas informações para registrarmos o mundo que nos rodeia.

A ignorância de nós mesmos nos leva a uma multiplicidade de comportamentos e, por conseqüência, a um emaranhado de "eus" desconexos.

De todos os sentimentos, o amor é, incontestavelmente, o que mais salvaguarda a liberdade individual e o que mais assegura a livre iniciativa.

Conhecer os verdadeiros motivos de tudo aquilo que impulsiona as nossas ações nos permitirá dirigir nossos sentimentos, fazendo o que nos parece ser direito e tomando decisões importantes para nosso crescimento interior.

Se cada um de nós concentrasse mais a atenção em seu mundo interior, utilizando as sensações como guia ou caminho, com certeza encontraria maior sentido para sua existência.

Um indivíduo em estado de fixação mental nada vê, nada ouve, nada sente ou nada percebe além da pessoa, objeto ou fato a que sua mente cristalizada se prendeu.

Para desenvolver a mediunidade, é necessário, inicialmente, aprender a comunicar-se com os próprios sentimentos para, a partir daí, entrar em contato com os de outras pessoas (encarnadas ou não).

Quem não usa a razão é fanático; quem não sabe raciocinar é facilmente iludido; e quem não se permite utilizar a própria consciência e percepção é um escravo.

O médium que é ciente da imensidade das coisas que desconhece é sempre receptivo à renovação.

Se procuramos desenvolver nosso potencial de religiosidade – encontrar Deus em nós –, somos convidados a sair das nossas zonas de conforto e nos permitir ser flexíveis à mudança, que é o ponto de partida para atingirmos níveis de consciência cada vez mais amplos e elevados.

Quando nos encontramos presos a antigos clichês mentais estruturados sobre convicções rígidas e fantasiosas, não conseguimos abandoná-las de imediato. A mudança nos convida a ser maleáveis, a desafiar rótulos e a não nos apegar a idéias definitivas sobre a natureza das coisas.

Em nós tudo é sagrado, desde a ação mais comum de comer ou caminhar até o ato mais elevado de amor ao Criador.

De tempos em tempos, o Mundo Maior espalha inspirações-sementes, que são pensamentos em germe. Desde que encontrem terra fértil, desabrocham em nós novas formas de ver e analisar as verdades eternas.

A percepção da realidade de uma criatura tem a dimensão exata da sua própria consciência; nem mais, nem menos.

A diferença entre ter religiosidade e ser religioso é que o religioso acredita unicamente nas experiências que os outros disseram que tiveram com Deus, enquanto que aquele que cultiva a religiosidade desenvolve sua própria experiência com o Criador.

Os fenômenos medianímicos podem ser semelhantes em diversas pessoas, mas cada alma tem um modo peculiar de registrá-los.

Coração e mente, sintonizados, assemelham-se ao pêndulo de uma balança. O meio-termo confere discernimento e "senso crítico".

A fascinação é uma forma de auto-engano. É uma atração dominadora que esconde sob um manto opaco e invisível nossa visão clara e crítica dos valores naturais que regem nossa existência de Espíritos imortais.

O Criador guia suas criaturas utilizando a capacidade intelectual/sensorial delas de avaliar seu reino íntimo.

Na coletividade em que o Mestre viveu, as mulheres, especificamente, receberam a um só tempo um massacrante processo coletivo de "projeção". Lançar aspectos da "sombra" sobre a mulher era motivo de primazia.

Não somente pais, professores e parentes lançam mão da culpa e do medo; também as próprias religiões do passado usavam esses sentimentos para garantir a submissão dos fiéis, intimidando-os com o fogo do inferno, caso não fossem "suficientemente bons".

Cada indivíduo é um microcosmo, parcialmente ciente de si mesmo; um complexo de forças inconscientes a ser ainda descobertas.

Toda mudança gera desafios, que ora aliviam e alegram, ora frustram e entristecem. Mudar é um processo que a Providência Divina utiliza para garantir a evolução.

Os símbolos são a linguagem do inconsciente. Inúmeros são os níveis de consciência e, da mesma forma, diversos os níveis de inconsciência.

O Espiritismo suprimiu o personalismo e ensinou-nos a ligação direta da criatura com Deus, dispensando intermediações e restituindo ao homem a visão de que o Criador deseja que sejamos co-criadores, não aduladores ou escravos.

Aprendendo a ser pacientes com nossas dificuldades, aprenderemos, do mesmo modo, a ser tolerantes com as dos outros.

Certamente as convenções são úteis ao interesse coletivo, mas as religiões não devem utilizá-las com o objetivo de tiranizar condutas ou encarcerar consciências. A finalidade da religião é levar as pessoas ao verdadeiro significado transcendental da existência, desenvolvendo nelas o sentimento de religiosidade.

Muitos são os pais que vivem os êxitos e as derrotas dos filhos como triunfos e fracassos próprios.

Se não sabemos de fato quem somos, combatemos e criticamos situações e personagens fictícias. Escolhemos acontecimentos e criaturas substitutas, ligadas ou não na matéria densa, para reprovar e julgar inadvertidamente.

A "Voz de Deus" em nós é a fonte inesgotável de toda a criatividade e que, quase sempre, esse diálogo divino acontece em nosso âmago, através de uma linguagem não convencional.

Jesus Cristo é idolatrado, sendo considerado Deus pelas religiões dogmáticas. Ao equipararem o Mestre com a Divindade, colocaram-No fora de nosso horizonte existencial, tornando impossível seguir-Lhe os ensinos e as atitudes iluminadas.

Nós é quem abrimos a aura, permitindo a intromissão de elementos negativos, que manipulam e dominam nossas energias.

A idéia de separação entre as pessoas e entre estas e a Natureza não é somente destrutiva, mas também elitista, transformando nosso relacionamento num "jogo de poder" ou "luta de domínio", responsável que é por todo tipo de sectarismo, hegemonia, racismo, conflitos de castas e de sexo e outras tantas formas de isolamento, alienação e preconceito.

Só não erra jamais quem nunca fez ou nada tentou.

Não podemos compreender a importância de uma reunião mediúnica sem possuir senso de responsabilidade individual e coletiva.

Dizer simplesmente o que é correto ou incorreto revela muitas vezes apenas um conhecimento subjetivo, pessoal. A criatura, nessas condições, só reproduz aquilo que leu ou escutou de alguém. Neste caso, é denominada pessoa-clichê.

Jesus sabia que, em germe, todos somos frutos iguais da Paternidade Divina, razão pela qual assegurou que poderíamos fazer as obras que Ele fez, e até maiores do que elas.

O sentimento de inveja é uma forma (quase sempre inconsciente) que a inferioridade encontra de homenagear os que possuem merecimento.

A autêntica religiosidade não quer restringir nossa liberdade, mas, sim, apresentá-la a nós. Ela nos inspira a naturalidade da vida, o espírito crítico, a perquirição filosófica, a racionalidade, levando-nos a entender a perfeita harmonia do Universo.

A linguagem corporal é lida por meio das sensações que emergem de nossa intimidade e se expressam diretamente no corpo somático.

A mediunidade é dom inato, um dos sentidos inerentes ao homem. Recurso que o Pai nos concede para que possamos participar dos poderes sagrados da Divina Criação.

A convalescença espiritual é um processo gradual – mais uma jornada de autoconhecimento do que, simplesmente, uma almejada destinação.

Ser bom é olhar as coisas e as pessoas com os "olhos do amor". A criatura que aprendeu a ver tudo com bons olhos consegue perceber que todas as ocorrências da vida estão caminhando para uma renovação enriquecedora.

Acreditamos que as coisas e as pessoas é que nos fazem infelizes, mas isso não é verdade – somos causa e efeito de nós mesmos.

A vocação é para o homem o que o perfume é para a flor. O que mata o talento, na maioria da vezes, são as regras autoritárias de conduta, pois todos somos convocados a viver com naturalidade.

Quando não sabemos distinguir nossas impressões ou emoções, ficamos à mercê das mais diversas ondas magnéticas, como se estivéssemos oprimidos por um mundo desordenado.

Cada um de nós é uma "sintetização individualizada" das forças criativas do Cosmos, quer acreditemos ou não.

A fixação mental pode perdurar por séculos, ou seja, por diversas encarnações. Trata-se de uma verdadeira tortura mental sobre a qual o enfermo não tem nenhum controle. A fronte pensadora mantém um diálogo ininterrupto: vive em constante conversa de si para consigo mesmo.

Há uma diferença entre bondade e "desatenção às necessidades pessoais". Ser bom não é ter uma vida associada à autonegação ou autonegligência, nem mesmo ajustar-se obsessivamente às exigências e necessidades dos outros. Acima de tudo, o bondoso conhece e defende os próprios direitos, ou seja, sabe cuidar de si mesmo.

Temos em nós um centro de sabedoria dotado de todo o conhecimento necessário à nossa evolução.

Cuidar de si não quer dizer "eu antes de tudo", mas com certeza significa "eu também". A expressão "cuidar de si" não deriva do egoísmo ou do orgulho, mas traduz o dever de amar a criatura que temos responsabilidade de amparar - nós mesmos.

Não podemos nos esquecer de que somos livres para escolher nossos atos e atitudes, mas prisioneiros de suas conseqüências.

A incapacidade de dizer “não posso”, “não concordo”, “não sei”, “não quero” acarreta ao ser humano a perda de controle da própria vida.

A “regra de ouro” da Espiritualidade Superior é a compaixão: admitir que os outros pensem, ajam e sintam de modo diferente de nós; entendê-los com bondade e respeito; admitir e perdoar as faltas do próximo.

Existem pessoas que fecham por completo a mente à realidade. Outras, bloqueiam parte dela, reduzindo-a ao tamanho que julgam poder controlar.

Todos temos o direito de escolher o que vamos fazer com as lições que a vida nos oferece. Mas, sem dúvida, se recusarmos o desafio de compreendê-las e assimilá-las, essas mesmas lições voltarão revestidas em novas embalagens.

Quando recuperarmos nosso senso de identidade com a Natureza, poderemos voltar a viver numa fase paradisíaca, sentindo a imensa harmonia que governa tudo o que existe no Universo.

Atitudes de culpa e ressentimento podem originar nódulos, cistos ou gânglios no corpo, resultantes de estados crônicos de tristeza e mágoa mal resolvida.

Aqueles que nos cercam podem nos levar a elogios desmedidos. Não se pode confiar nos aplausos. Eles podem ser retirados a qualquer momento, não importa qual tenha sido nosso desempenho passado. A inconstância é um vício peculiar da massa comum.

A dor, em muitas ocasiões, é o preço da sabedoria. Discernir nosso sofrimento é encontrar seu real valor para nossa existência.

O orgulhoso se precipita em satisfazer vontades caprichosas; o bondoso estimula a aprendizagem, porque sabe que é pelo caminho dos erros e acertos que vem o conhecimento e, por conseqüência, o crescimento espiritual.

Crenças são pensamentos ou idéias que aceitamos como verdade e que criam harmonia ou deformidades em nosso veículo fisiológico.

Estamos seguindo na jornada evolutiva um marco instintivo que nos conduz de volta ao “lar” que existe dentro de nós. Podemos perceber que em nossa intimidade há uma seta espiritual que nos indica a direção da volta para a nossa “casa” interior.

Compaixão é um ato de elevada compreensão, em que reina a fidelidade consigo mesmo, o autorespeito, o perdão e a bondade.

Os sensitivos devem ter como base imprescindível a intuição e a inspiração, provindas do reino da alma. Porém, não podem desconsiderar as sensações do próprio veículo físico, para que haja um desenvolvimento integral e harmonioso da mediunidade.

Para promovermos mudanças não necessitamos procurar novas paragens, e sim possuir novos olhos.

Quando há equilíbrio entre o nosso "eu espiritual" e o nosso "eu corporal", somos capazes de nos identificar com os Espíritos comunicantes e, a partir daí, começamos a criar uma maior percepção do fenômeno mediúnico.

A compreensão de uma visão astral apenas surge em virtude de sua interpretação; é esta que consente que tenhamos o entendimento total do seu significado.

A Vida é energia organizadora, e o corpo denso é uma de suas inúmeras expressões. É tão importante termos uma clara consciência da fonte divina de onde provêm as nossas sensações transcendentais, como também sermos sensíveis às nossas sensações corporais.

Analisar as faculdades mediúnicas apenas pelo aspecto intelectual é muito diferente do que vivenciá-las sensorialmente.

A faculdade medianímica não gera doenças. Ela não pode ser responsabilizada pelo estado patológico das criaturas; é, antes de tudo, uma excelente ferramenta para ajudá-las a despertar espiritualmente e a compreender a si mesmas, os outros seres e o Universo.

Os cinco sentidos do homem cooperam entre si e alargam-se mutuamente, tendo como aliado imprescindível o sexto sentido.

A forma física é a condensação do corpo perispiritual. O sistema nervoso é a conexão do corpo astral à matéria e tem como função sensibilizá-la. Portanto, os "nervos" são elos sutis entre esses dois corpos.

O ato de pensar é um dos mais poderosos recursos do indivíduo; é a própria capacidade da mente de transformar ondas energéticas, dando-lhes solidez, forma e sentido.

A atitude de proteger e auxiliar a todos, ansiosamente, se baseia numa relação insana de superproteção.

A autopercepção é o somatório de todas as impressões internas e externas ao mesmo tempo. Através dessa "sensação generalizada", a criatura entra em contato com si mesma, podendo traduzir com certeza se é sua ou não a emoção registrada e de onde ela se origina.

Querendo ou não, todo ser humano é uma unidade enigmática. Corpo e alma são coesas e intimamente interligadas. Nada acontece em uma dessas partes sem que a outra não seja afetada.

Somente tomaremos soluções sensatas diante de situações enganosas quando já tivermos adquirido a capacidade de enxergar os fatos e acontecimentos tais quais são na realidade.

Aceitamos mudar quando notamos nossa falta de habilidade em tratar a nós mesmos e aos outros; quando admitimos ter uma tendência a subestimar ou superestimar tudo; quando percebemos o quanto nossa consciência é fechada.

O médium é um ser integral, ele não é somente a alma. O corpo faz parte do seu eu total, quer dizer, acima de tudo é uma individualidade, e não um ser dividido.

A fraqueza, gerada pelo orgulho, em não confessar que erramos ou que não sabemos leva-nos a cometer muitos desatinos, tanto nas atividades mediúnicas como em todas as áreas do relacionamento humano.

Nossos corpos (material ou espiritual) podem tecer novas formas ou desmanchar velhas estruturas energéticas, conforme a persistência de nossos ideais ou a força de nossa vontade.

Somente quando tomamos consciência da necessidade de fazer uma perfeita conexão com nossa profundidade sagrada é que passamos a ter uma ampla visão de unidade com a Vida Cósmica.

Médiuns espiritualizados sempre lançam mão de um estilo de vida reflexivo, desenvolvendo uma associação íntima entre intelecto e fé, entre Natureza e si mesmos.

Os sensitivos percebem em todos os lugares o toque da inspiração divina. A abertura da sensibilidade proporciona "olhos sutis", que vêem e exaltam os espetáculos ocultos do Universo.

Aprender a identificar o que estamos sentindo é um desafio que podemos dominar, mas não nos tornamos especialistas da noite para o dia.

Sintonizar-se quer dizer perceber a razão incomensurável e coesa da existência humana, que preenche o vazio que acreditamos existir entre os seres humanos.

O crescimento do ser ocorre por meio de um encadeamento de fatos espontâneos e inerentes à vida humana, enquanto que o perfeccionismo é uma aspiração obstinada e torturante.

Desatar os elos da ilusão nem sempre é uma tarefa fácil. Quanto mais superficial for a visão de unidade entre todas as coisas, mais a pessoa ficará dominada por uma "realidade fragmentada".

Limites facilitam o bom senso, para que possamos perceber quando devemos ou não dar, de nós mesmos, de nosso tempo, de nossos dons espirituais.

Quando o indivíduo se universaliza, ele se descobre na multiplicidade das relações por todo o mundo. Sua mente, antes horizontalizada, se verticaliza; alicerça-se em uma estrutura de planos e superplanos do entendimento superior.

Dar assistência a alguém e ensiná-lo a crescer é diferente de constrangê-lo e obrigá-lo ao crescimento.

Cada impressão emocional que sentimos foi precedida por uma atitude interior ou um pensamento. A energia antecede a ação.

Em diversas ocasiões, o orgulhoso se apresenta como alguém empenhado em "prestar auxílio ao próximo". Mas, aquilo que ele chama de caridade apenas representa um exercício de poder e controle sobre os outros.

O fanático é irmão do falso zelo, filho da intolerância e da perseguição. Quando ele ultrapassa os limites do equilíbrio, perverte a razão e obscurece a consciência, justificando ser exigência da religião.

Sintonia é o estado em que se encontram duas pessoas que se acham numa mesma igualdade de emoção, ponto de vista, crença ou pensamento.

Os símbolos estão no imo, constituem o cerne da nossa vida mais íntima. Revelam os segredos do nosso inconsciente, conduzem-nos aos mais recônditos estados interiores, abrem-nos a alma para o desconhecido.

A Natureza é um livro sagrado. Quem a usar de forma profana certamente dela se apartará. Afastar-se da Natureza é afastar-se de si próprio.

Todos temos uma dimensão transcendental em nossas vidas, não importa qual seja nossa orientação religiosa. Os totemistas, budistas, católicos, hindus, muçulmanos, protestantes, espíritas, igualmente os ateus e agnósticos, todos compartilham de uma essência espiritual em sua experiência íntima, independentemente de reconhecê-la ou não.

Não existem defeitos; há apenas diferentes graus evolutivos.

É compreensível nossa dúvida ou indignação diante dos processos da Natureza que ainda ignoramos. Por exemplo: se fosse possível contarmos a uma semente de laranja que nela existe a própria laranjeira, talvez ela duvidasse ou não aceitasse.

Não admitimos que as alegrias e tristezas que experimentamos são a soma de todas as nossas escolhas existenciais.

Terão verdadeiramente clareza de pensamento aqueles que tratarem as "coisas simples" com a merecida importância, e as "coisas importantes" com a devida simplicidade.

Ser bom, em sua exata definição, é fazer escolhas ou tomar atitudes com compaixão, lançando mão da própria dignidade e, ao mesmo tempo, promovendo a dignidade alheia.

Em suma, a nossa melhor defesa contra os assédios espirituais é a auto-responsabilidade.

O nosso propósito é colaborar com todos aqueles que, ao buscarem a "dimensão metafísica" da existência, deixam de lado as posturas rígidas e inflexíveis diante das faculdades psíquicas, encarando-as de modo natural e espontâneo e desatando-as das embalagens preconcebidas.

Compreender nossos sentimentos é entender as raízes de nossas reações perante o mundo que nos rodeia.

Não é porque temos eventuais crises de inveja que devemos ser considerados indivíduos "maus"; da mesma forma, quando cultivamos sentimentos esporádicos de generosidade, também não podemos ser chamados de "pessoas bondosas".

Muitos de nós tentamos nos convencer de que não devemos entrar em contato com nossos sentimentos; ficamos hábeis em seguir as regras do "não sinto nada" ou "não devo sentir isso".

Cada pessoa plasma os reflexos de si mesma e, por onde passa, entra em comunhão com a matéria mental alheia, exteriorizando o seu melhor lado, ou mesmo, criando perturbação ou desajustamento.

Nossa mais devastadora ilusão é pensar que podemos controlar a vida dos outros. Imposição é o oposto da liberdade e extermina tanto a independência do que domina como a do dominado.

Se abrirmos as comportas de nossa mente para a renovação de idéias e conceitos iluminados, navegaremos harmoniosamente na "imensidão dos sentidos" superiores.

Os cinco sentidos humanos são a base dc todas as percepções físicas, mas, quando somamos a eles o "sexto sentido", não só experimentamos um maior grau de consciência existencial como também passamos a descortinar os mistérios da vida invisível.

Se perpetuarmos nossas crenças ou pensamentos negativos, poderemos acabar sufocados na névoa de nossa própria negatividade.

No mundo físico, tanto como no mundo astral, as criaturas que pensam claramente desenvolveram a harmonia interior ou a ordem mental. Elas sabem que, enquanto o "eu superficial" não for colocado no lugar que lhe compete, o "eu essência" não poderá iluminar o verdadeiro caminho para a vida plena.

Quanto mais alguém se aproxima da perfeição, menos rigoroso é para com os outros.

O desequilíbrio exterior, em última análise, é sempre correspondente à nossa própria desarmonia interior, residindo em nós, portanto, a decisão de concretizar a renovação íntima.

Nosso Espírito vive onde se lhe situe o pensamento. Indiscutivelmente, caminhamos ao influxo de nossas próprias criações, tanto no campo mental quanto na esfera da experiência física.

Poderíamos dizer que o invejoso procura apaziguar seu inimigo interno, difamando ou maldizendo os outros. É como se ele pensasse de si para consigo: "preciso tomar uma postura acusadora para não ter problema de autoacusação".

Deus não dá encargos e incumbências às criaturas, mas coloca nelas vocações ou predisposições inatas.

É imatura e espiritualmente ingênua a criatura que pensa que nunca tem nada a aprender com as experiências alheias.

Os orgulhosos querem ter a aparência do que não são; assim perdem a sinceridade, a criatividade e a originalidade. Vivem concentrados nos próprios interesses, mas carentes dos verdadeiros valores do Espírito – ética, bom senso, sensibilidade e naturalidade.

No exercício da mediunidade, os indivíduos registram e transmitem mensagens de entidades infelizes que se ligam em seus pontos fracos, razão pela qual os médiuns ativos estão constantemente fazendo um trabalho de autodesobsessão.

Muitas pessoas acham sinal de fraqueza admitir que são falíveis. Na realidade, quando admitimos nossa vulnerabilidade, afastamos a tensão do "egoísmo defensivo" de tudo saber ou conhecer.

A grande maioria das criaturas encarnadas na Terra são almas que ignoram suas potencialidades divinas; não são más por natureza, mas estão conhecendo e/ou aprendendo através das vidas sucessivas.

A alma infeliz se faz prisioneira não só de inimigos externos, mas, sobretudo, dos mais ferrenhos inimigos: os internos.

Nossa mentalidade é a "escultora" de nosso corpo físico; em razão da maleabilidade do perispírito, ela comanda as funções internas e externas, esculpindo em grande parte o organismo humano.

Geralmente, a auto-obsessão vem acompanhada de sentimentos de culpa, de autocensura, de recriminação, de complexos de inferioridade e de irresponsabilidade pelo próprio destino.

A casa mental daquele que se julga "infalível" pode ser comparada a um espaço que já está completamente ocupado; nada nela pode ser acrescentado. Aliás, apenas quando retiramos o velho ou o desnecessário é que criamos um espaço vazio para o necessário ou o novo.

Os seres ecoam uns aos outros simplesmente quando abrem as comportas da alma.

O corpo material está intimamente ligado à alma, suas células são constituídas conforme as disposições perispirituais das criaturas; por isso que o organismo enfermo, na verdade, reflete atos e atitudes em desarmonia.

O autoconhecimento dá à criatura sabedoria suficiente para que saiba julgar a si própria - pré-requisito para poder entender os outros.

Nosso modo de viver e de administrar nossas emoções faz com que nossos corpos (físico e astral) se organizem em padrões específicos tanto no meio interno como no espaço que ocupamos externamente.

Há dentro de nós uma ânsia inquestionável de sair dos domínios da escuridão e da ignorância de nós mesmos e de entrar no mundo da claridade e da sabedoria.

Os desequilíbrios da mente fazem com que ela perca, temporariamente, o governo de si mesma, permitindo que os tênues tecidos do corpo espiritual se perturbem, desorganizem-se, moldando-se em condições anormais.

A hostilização dos invejosos para com os outros perpetua a situação do desconhecimento de si mesmos.

O sensitivo nato não copia ninguém. Não se limita a seguir caminhos já percorridos; tem a habilidade de ver as coisas com olhos novos, fazer associações que transcendem o comum.

Mediunidade é uma faculdade comum a todos, ou seja, integra o processo ontogenético do organismo humano; está presente no desenvolvimento inato das criaturas.

Nenhuma entidade sábia deseja fazer-nos dependentes ou indivíduos inconscientes do processo da vida.

Tensionamos nossa postura corporal, paralisando, inflando, desviando, esticando, contraindo nossos músculos. Organizamos nossos espaços interno e externo de acordo com nossas relações emocionais com os outros e com nós mesmos.

Pensamentos negativos ou preconceituosos agem nas zonas energéticas do perispírito, inibindo ou desarranjando funções orgânicas, excitando ou retardando os complexos celulares e lesando ossos e músculos.

Para as crianças, a aprendizagem não é um processo inteiramente novo; é, na verdade, um rememorar, pois elas são velhos filhos de Deus.

Cada indivíduo é, a um só tempo, conquista e dádiva de toda uma herança biopsicoespiritual de uma humanidade milenar. Ele se distingue por aspectos culturais e sociais próprios de sua existência atual, aos quais se acrescentam os frutos de suas experiências de vidas passadas.

Não podemos realizar qualquer estudo dos processos medianímicos sem o estudo da personalidade.

Cremos estar sempre vendo a realidade das coisas, mas, em verdade, o que chega à nossa consciência são inúmeros impulsos originados por nossas percepções físicas e espirituais, e o que fazemos, além de selecioná-las (escolhemos algumas e bloqueamos o acesso de outras), é simplesmente organizá-las conforme nosso grau de entendimento evolutivo.

Lembremo-nos de que na "escola da vida" somos eternos aprendizes.

Interpretamos a vida através da nossa capacidade mental, que contém registros intensamente gravados em sua memória, acumulados na noite dos tempos. Todavia, não costumamos admitir que a nossa maneira de ver é uma "porção da realidade", uma apenas entre as muitas possíveis.

Perdoamos na medida em que desfazemos a ilusão de que somos perfeitos.

Ser criativo é ter a capacidade de desestruturar uma concepção ou informação conhecida para reestruturá-la de uma maneira nova. Esse é o processo de toda criação ou invenção, na arte, na ciência, na mediunidade ou na vida diária.

Não devemos permitir que os outros nos controlem, ou mesmo, nos desrespeitem. Não podemos ser responsáveis pelos desatinos dos adultos infantilizados e inseguros.

Jesus via as falhas não como objetos de condenação, mas como um mal-entendido ou erros de interpretação; conseqüências naturais da fase evolutiva pela qual a humanidade estava passando.

O ato de criar está vinculado à nossa capacidade de associação. Quando incrementamos nossa habilidade de interligar as coisas, conseguimos que uma idéia mobilize outras.

A criatura humana é um ser que pensa, portanto é produto de suas sensações e percepções. Nada existe em nosso "arquivo mental" que não tenha passado pelos portais de nossas mais íntimas impressões.

Não nos esqueçamos, porém, que a sabedoria vem da prática; quanto mais experiências, mais discernimento e bom senso possuiremos.

O indivíduo amadurecido, portador de faculdade extra-sensorial, aprendeu que existem inúmeras maneiras de viver e evoluir na Terra; também sabe que sua maneira é única, como é única para cada pessoa.

O que se julga perfeito não está aberto para a mudança ou aprendizagem, porquanto a verdadeira sabedoria exibe a humildade de aceitarmos o que não conhecemos.

Ser bom não quer dizer que devemos interferir ou ficar presos nos problemas dos outros. Muitos de nós ficamos envolvidos numa generosidade compulsiva – atos de bondade motivados por sentimentos de culpa, obrigação, pena e de suposta superioridade moral.

Sensibilidade é o nome que se dá à capacidade de perceber as conexões entre o mundo interior e o exterior.

A Terra pode ser equiparada a uma teia interligada, um intricado sistema integrado, onde todo ser humano tem um papel criativo e revelador a desempenhar em sua jornada existencial – perceber sua relação íntima com a Natureza.

Nossos sentimentos e emoções sempre estão nos dizendo sobre nossas necessidades e relações (físicas ou transcendentais) com os outros.

Se uma pessoa não for capaz de pronunciar essa simples palavra "não" quando bem quiser, permitirá que outras pessoas a explorem sem parar, afastando-a daquilo que realmente pode e quer fazer.

A propensão à infalibilidade, o rigor contra as mudanças e as amarras da auto-suficiência infectam a casa mental dos sensitivos, obstruindo-lhes a arte de pensar e discernir.

A mediunidade está intimamente ligada à vocação, aptidão, realização, criatividade, espontaneidade, e desvinculada por completo de qualquer obrigação ou pressão auto-imposta.

Nosso corpo sensorial percebe ou traduz, através de "antenas ou radares energéticos", mensagens, formas ou forças intrínsecas existentes em nossa intimidade.

Nós é que decidimos de que modo interpretaremos os atos e atitudes que acontecem em nossa vida. Qualquer que seja a importância e o significado que determinada pessoa ou acontecimento tenham para nós, eles terão o exato sentido e valor que nós lhes atribuirmos.

Para ser médium não é necessário ser herói nem mártir, mas simplesmente cultivar o mundo interior – a melhoria pessoal.

A criatividade é profundamente inibida em ambientes supercríticos, quer dizer, despojados da liberdade de agir e pensar. Ela só floresce numa atmosfera de independência, onde a satisfação é força motriz.

Costumamos confundir, erroneamente, humildade com servidão, submissão e covardia. Ela é, sobretudo, "a lucidez que nasce das profundezas do Espírito".

O orgulhoso utiliza unicamente o que supõe ou imagina, não o que sente. Sua percepção é distorcida, pois ele apenas dá importância ao que os outros vão pensar ou achar dele e não presta atenção em seu "universo interior".

Quando delegamos o controle de nós mesmos a uma outra criatura, seja ela quem for, talvez estejamos renunciando ao nosso mais importante direito inato: a liberdade.

O autoconhecimento nos deixa mais sintonizados com os sinais sutis dos mundos interno e externo, além de nos indicar os melhores caminhos para interagir harmonicamente com os outros, sem nos deixar à mercê das influências deles.

Ser íntegro é viver a inteireza do Espírito, sem falsidade ou vergonha, jamais querendo mostrar aos outros algo que não somos.

Muitas pessoas controlam, expondo fraqueza e dependência; lamentam e choram, afirmando ser indefesos e vítimas. Às vezes, a "máscara da fragilidade" é um recurso utilizado pelos mais poderosos "controladores".

A pessoa que aceita total responsabilidade por tudo que acontece em sua vida cria um mundo melhor para si e para todos aqueles com quem interage.

Não devem ser considerados orgulhosos aqueles que têm um certo interesse pela boa presença ou que procuram manter-se alinhados. É necessário dizer que existe uma distinção entre esmero saudável com a aparência e paixão ou endeusamento pela própria imagem.

A energia que dissipamos é que atrai a consideração, ou não, dos outros. Quanto mais nos rejeitamos, maior é a rejeição das pessoas para conosco.

Nosso mundo onírico tem uma propriedade excepcional de sintetizar, por meio de uma expressão ou de um quadro mental, todas as influências do inconsciente e do consciente.

O ser vê as coisas e o mundo tal como ele é. Quando se vive em equilíbrio interior, até mesmo nos fatos e ocorrências que aparentam enormes desajustes se pode encontrar uma harmonia oculta.

Todos aqueles que se candidatam à espiritualização não podem viver acomodados à vida de superfície, preocupados mais com as aparências do que com a realidade interior. Precisam afinar a sensibilidade, aquietar a mente e utilizar o "olho interior", a fim de expandirem a consciência.

Todas as sensações no campo fisiológico pertencem ao Espírito, que as consolida no corpo carnal, segundo a genética da evolução humana.

Toda ilusão deixa a criatura obcecada, e não admitir o que se sente é uma forma de auto-ilusão. Para não ficarmos enredados nas malhas da fixação mental, precisamos entrar em contato com o "chão da realidade".

Os indivíduos que procuram criar e manter uma imagem de falso prestígio se tornam alvo do assédio não só dos Espíritos desencarnados como de todos os encarnados que estão em seu redor.

A Vida Maior não tenta distanciar o homem da Natureza, mas facilitar sua conexão com ela. Portanto, mais cedo ou mais tarde, o homem terá de voltar à naturalidade da vida, destruindo gradativamente os excessos do formalismo social e religioso e os exageros do artificialismo das convenções, que contrariam as leis naturais.

Quanto maior o desenvolvimento interno do indivíduo, mais elevado é seu "universo de discernimento".

No Espiritismo, impera uma visão universalista e progressista, porque ele jamais se proclamou o detentor exclusivo da verdade.

As criaturas denominadas "ecos do mundo" são aquelas que estão na Terra à mercê de tudo o que as rodeia. Estão envolvidas, inconscientemente, por coisas, pessoas, situações e fatos, como folhas perdidas ao vento na imensidão de uma planície.

Uma das graças que o tempo nos proporciona é a descoberta de que muitas das coisas que antes acreditávamos ser nossos pontos frágeis oportunamente se transformaram em pontos fortes, e outras tantas coisas que guardávamos como sendo valiosas acabaram por revelar-se pontos fracos. Sentimentos que durante anos não aceitávamos em nós hoje são esteio e amparo para o nosso futuro.

Seria muito simples ser aquilo que somos, tomar posse de nossos verdadeiros dons divinos, evitando desse modo todo sofrimento e esforço para aparentarmos aquilo que não somos.

Nem sempre quem possui um vasto conhecimento doutrinário e uma excelente memória tem noção exata do significado profundo de seus sentimentos, atos e atitudes.

O ser criativo mantém estrita ligação com a inspiração, porque olha o mundo com ampla visão de liberdade íntima.

Nem sempre temos a exata noção da "sinfonia da vida", da qual participamos. Ela é muito maior do que podemos imaginar, e precisamos contribuir com nosso acorde para que a melodia se complete.

Nos indivíduos plenamente desenvolvidos, não existe conflito entre corpo e alma, pois descobriram que seu instrumento físico é uma extensão de seu Espírito. Coração e razão decidem e agem lúcidos e unidos amorosamente.

O Universo é a projeção da Mente Divina, e nós, como criação, vivemos interdependentes no Idealismo Superior.

O Mestre nunca desprezou quem quer que fosse; sempre acolhia, entendia, valorizava, consolava e encorajava a todos. Jamais puniu as atitudes equivocadas das criaturas, antes as compreendia por saber da fragilidade e falibilidade dos seres humanos.

As grandes dificuldades não significam castigos ou punições, mas caminhos preparatórios para se alcançar dentro em breve um bem maior.

O Espiritismo nos ensina que somos guias e sacerdotes de nós mesmos e que nosso templo consagrado é nosso mundo íntimo, libertando-nos, assim, de toda subjugação, separação ou desigualdade que possa ter sido criada no passado.

Os espíritos superiores são sintéticos, ou seja, formulam uma operação intelectual agrupando fatos em um todo harmonioso, lógico, estruturado e homogêneo, resumindo-os numa visão total e abrangente.

Mediunidade é uma potencialidade humana que pode ser comparada a um "instrumento de cordas" oculto dentro de nós. As melodias que dele provêm, em muitas ocasiões, passam despercebidas de nosso entendimento consciente.

Experiências felizes ou infelizes são passos valiosos em nossa existência, desde que percebamos o quanto elas nos têm para ensinar ou mostrar.

As pessoas que não percebem claramente os sentimentos que antecedem suas atitudes com certeza estão presas em recantos escuros de sua casa mental, onde forças imperceptíveis e envolventes – fora de seu comando – deturpam sua percepção das situações e das pessoas.

Declarar de forma positiva e direta seus valores e propósitos é preservar sua dignidade e autorespeito.

Indivíduos que buscam compensação em uma profunda sensação de querer ser visto, ouvido, apreciado, sintonizam com criaturas desencarnadas que cultivam essa mesma necessidade de atenção.

Desenvolver limites saudáveis nos dá uma percepção exata de até onde nos permitimos ir, em relação com os outros e com nós mesmos. Precisamos aprender a "dizer sim", ou a "dizer não", quando necessário.

Qualquer julgamento precipitado ou preconcebido a respeito de nossos sentimentos distorcerá o que eles querem nos dizer ou mostrar.

Aquele que se encontra em auto-obsessão experimenta um modo de viver complicado ou embaraçado. Tem dificuldade de analisar, discernir e sentir a vida tal como ela é, pois lhe falta a "visão sistêmica" da existência humana.

As religiões ortodoxas controlam e conduzem os indivíduos, impondo-lhes a repressão e o comportamento contínuo de "projeção", criando-lhes formas para que vivam numa espécie de "miopia existencial".

Perdoar é um ato de amor, em que reina a compreensão e a humildade. É um indício do amor a nós mesmos e aos outros.

Quanto mais ignorarmos o processo das leis divinas, cultivando mágoa, culpa, crítica, baixa estima, ilusão, dependência e outras tantas "dores da alma", mais estaremos semeando farpas magnéticas no campo emotivo e intoxicando, por conta própria, a nossa atividade mental.

A saúde e a enfermidade nada mais são do que a consolidação de uma constante atitude mental.

A individualidade é um "cofre fechado", oculto em nossa intimidade, cuja chave e segredo somente nós temos condições de encontrar.

Todos os fenômenos psíquicos solicitam filtragem no crivo da razão. Saber intelectualmente não basta. A miopia espiritual causa um enorme dano na clareza das faculdades psíquicas.

Desenvolver nosso "sexto sentido" não é um meio de resolver problemas comportamentais cuja solução está ao nosso alcance; de buscar auxílios imediatistas, de tirar proveitos pessoais, de conseguir respostas paliativas para problemas reais.

A criatura bondosa domina a arte da sinceridade, pois, acima de tudo, é fiel consigo mesma.

Nossos pontos fracos nos tornam vulneráveis à ascendência dos Espíritos ignorantes. O obsessor não causa a fascinação. Apenas se aproveita dos núcleos mal elaborados da psique humana, agravando o desajuste já ali instalado.

Indivíduos descontrolados não possuem limites. Invadem, de forma constante, nossa privacidade e transgridem nossos territórios emocionais, acreditando estar no direito de fazer isso.

Na vida não existe fatalidade, apenas sintonia. Não precisamos ser exatamente iguais aos outros, basta termos afinidade para que ocorra o fenômeno de atração magnética.

Ao ficarmos cientes de que grande parte de nosso mundo interno está fora de nosso campo de percepção, começamos a entender as interpretações e argumentos diversos de cada pessoa e a respeitá-los.

Os sensitivos que não se comunicam com os próprios sentimentos costumam não se comunicar também, de maneira adequada, com os dos outros.

A faculdade humana da imaginação traz a capacidade de criar imagens no plano astral. Essas "formas mentais" não são passivas; ao contrário, agem ativamente em torno de seu criador.

O Mestre Jesus, porém, exortava todos a não lançar a "sombra" pessoal ou a coletiva através do mecanismo da "projeção", usando em várias passagens do Evangelho o termo "hipocrisia" para denominar essa atitude pessoal e pública dos judeus daquela época.

O presente não é, simplesmente, uma cópia carbonada de fatos passados, e sim uma doação de novos aspectos a serem por nós incorporados.

As pessoas que afirmam de modo conformista: "peguei" uma vibração negativa! é porque ainda não reconheceram a interligação entre os próprios sentimentos e os fatos que acontecem ao seu derredor.

Os seres que se aperfeiçoaram falam ou se comunicam de modo claro e sintético, pois aliaram a iluminação do *chakra coronário* com a do *chakra laríngeo* (responsável pela emissão da voz).

Em nome do amor, não devemos usar a faculdade medianímica como um meio de consertar o mundo de forma precipitada, desrespeitando o nível de amadurecimento espiritual em que se encontram as criaturas. Podemos cooperar com o processo da Vida, nunca forçá-lo.

Tudo aquilo com que nos deparamos "fora" de nós é algo que procede de "dentro".

É das escuras cinzas da intolerância que nascerá um dia *a fênix da compaixão*, trazendo em suas asas a compreensão de que o desenvolvimento evolutivo sempre acontece; basta unicamente esperar com paciência.

Limites são pré-requisitos para demarcar nossas fronteiras energéticas. Quando abrimos mão de tudo, impensadamente, não identificamos onde nós terminamos e onde o outro começa.

O trigo morre para nascer o pão; as flores, para crescer os frutos; a crisálida, para surgir a borboleta. As sementes têm um poder de brotar e gerar vida nova. Nenhuma transformação é imediata; a Natureza exige constância e paciência como preço do desenvolvimento.

Os símbolos dos sonhos são, em sua maioria, manifestações de uma parte da psique que escapa ao controle do consciente.

O Mestre, porém, não se deixou crucificar para ser reconhecido como herói ou mártir, mas para semear os princípios da "sabedoria que eleva" e do "amor incondicional" no coração de todas as criaturas.

Clareza de pensamento é a principal ferramenta para uma boa avaliação. Ela nos proporciona o material necessário para lidarmos com a realidade.

O perfeccionismo nos coloca num estado tão grande de ansiedade e inquietação, que cometemos mais erros do que o normal, porque, em vez de aceitarmos a possibilidade do desacerto, ficamos amedrontados com a expectativa da perfeição.

Para o intolerante, só os de sua religião estão com a verdade e, portanto, merecem exclusiva atenção divina.

A mediunidade possibilita a ligação entre as inúmeras dimensões vibracionais do Universo, mostrando que a vida é ampla e infinita e, para que possamos ser bons instrumentos da Vontade Divina, precisamos apenas viver a normalidade da condição humana.

Na mansão do pensamento, o raciocínio emite as ordens, mas é o sentimento que guia.

A autoconsideração, isto é, o amor a nós mesmos, é o melhor antídoto contra as energias deletérias. Esse autocomportamento afetuoso melhorará a qualidade de nosso relacionamento com nós próprios e com os semelhantes.

Quando estamos melindrados, experimentamos sucessivas vezes o mesmo sofrimento. Isso nos consome energeticamente e debilita nosso corpo físico e/ou o espiritual.

Pensamentos, idéias, conceitos e auto-avaliações, positivos ou negativos, são elementos dinâmicos de indução e influenciam nosso halo mental, formando "realidades energéticas" ou "formas-pensamentos".

No momento em que perdoamos, nos identificamos com nosso próximo; admitimos nossa falibilidade humana, reconhecendo nossas deficiências e nossa facilidade em errar.

Quem tem um lado superior também possui um lado inferior. Ora o indivíduo está na crise de ser superior, ora na de ser inferior. Viverá entre altos e baixos. Entre ataques de esnobismo e arrogância e conflitos de ser um "erro" ou um "nada".

O fenômeno vidência exige filtragem no crivo do bom senso para que interpretações apressadas não envolvam a informação mediúnica nos domínios do absurdo e do irracional.

Sabemos o tanto quanto experimentamos e temos o bastante que fizemos por merecer. Se não sabemos é porque talvez ainda não nos tenhamos esforçado o suficiente, mas quem sabe no amanhã teremos vontade ou esforço necessário para ter, aprender ou fazer mais.

Cada dia nos é concedido uma visão ampliada da realidade. Somos, portanto, expressões individualizadas da Infinita Sabedoria. Ninguém é hoje a criatura que foi ontem.

Os olhos e a mente, juntos, constituem um sistema organizador que analisa e processa as grandes quantidades de dados que provêm do mundo físico e do espiritual. No entanto, cada um de nós está capacitado a interpretá-los conforme o que retém em valores éticos ou intelectuais.

Os indivíduos, ao invés de rejeitar seus sentidos, deveriam usá-los como guias para interpretar sua vida interior.

O médium que estabelece para si padrões de comportamento perfeccionista vê em sua tarefa mediúnica mais um reforço para provar sua "perfeição" do que um método de crescimento a ser cultivado na própria intimidade.

Os indivíduos "controladores" fazem o trabalho em segredo, usando técnicas de comando indiretas, passivas. Agem de maneira tão sutil, dócil e educada, que não são identificados como tais.

Somos capazes de ter medo e valentia, de sentir raiva e ternura, de ser generosos e egoístas, frágeis e fortes. Uma das grandes bênçãos do autoconhecimento é seu poder de transformar, no longo prazo, nossa vulnerabilidade em pontos fortes.

Os enganos são oportunidades de aperfeiçoamento e amadurecimento para todos; são experiências para aprendermos a viver melhor.

Apenas percebemos as informações que nos cativam ou atraem. Modela a mente o nosso interesse seletivo, e esta seletividade é tanto física, psíquica, mental quanto transcendental.

A autoconsideração não pode ser comparada ao narcisismo ou ao egoísmo, mas, sim, ao fato de que somos tão dignos do amor quanto o nosso próximo.

A reencarnação nos induz a uma recapitulação dos velhos modelos e conceitos, a fim de que nos desvencilhemos das crenças negativas rumo aos ciclos mais evoluídos da existência.

Estamos vivendo juntos, porém em diferentes níveis de amadurecimento e precisamos, todos, de muito perdão durante o processo evolutivo - precisamos perdoar a nós mesmos e aos outros.

Como podemos julgar os outros se somos as pessoas que menos nos conhecemos? Nossa consciência, restrita ao nosso grau evolutivo, tanto abriga a criança indefesa como o adulto competente, os caprichos mesquinhos como os anseios sublimes.

A humildade não está relacionada com o nosso aspecto exterior, mas com a maneira como percebemos as pessoas e as circunstâncias.

Podemos concluir perante as opiniões discordantes:

- o homem inseguro as teme,
- o fanático as afronta,
- o educador as compreende e
- o ponderado as respeita.

A verdade é relativa no atual estágio evolutivo da Terra.

O Espiritismo afirma que todas as criaturas são expressões divinas, vestindo temporariamente um corpo carnal.

O ato de perdoar não requer a reabertura de velhas feridas, mas, sim, a sua cura. Transforma-nos em co-criadores da nossa realidade, pois tem relação com a capacidade de escolhermos como reagir às situações de nossa vida.

Quanto mais valorizarmos nossa força interior, mais nos sentiremos estimulados a usá-la. Quanto mais exercitarmos o nosso senso íntimo, mais claro e eficiente ele se tornará.

"Em verdade vos digo: cada vez que o fizestes a um desses meus irmãos pequeninos, a mim o fizestes". Este pequeno trecho do Evangelho de Mateus desperta excelente reflexão em torno da interdependência da *coletividade universal* – somos unos com todos, cada um de nós faz parte do grandioso espetáculo da Vida Cósmica.

A religiosidade é fruto do sentimento inato da existência de Deus, que o Espírito conserva ao encarnar.

A Vida Providencial é sábia e justa e age em cada criatura de maneira dessemelhante, levando em conta sua individualidade. O agravamento das faltas ou dos erros é sempre proporcional ao conhecimento que se possui.

Aprender a discernir não é uma simples questão de obter informações, mas de relacioná-las com novas informações filosóficas e científicas, integrando-as com bom senso.

"Compreender perdoando" significa que somos capazes de mudar nossas velhas convicções e perceber novas evidências da verdade em nossas atitudes e nas alheias. Dessa forma, ficamos mais flexíveis e menos exigentes para com o comportamento dos outros.

Honestidade será sempre a melhor política em todas as situações da vida. Abandonar o "palco da vida" liberando-se das máscaras requer esforço e coragem.

A grandeza de alma é uma condição espiritual desvinculada da religião que se professa.

Cristo tinha uma sensibilidade unificada, quer dizer, possuía uma visão cósmica de que todos estamos intrinsecamente ligados na teia dinâmica da Vida Providencial, quando afirmou: "Nesse dia compreendereis que estou em meu Pai e vós em mim e eu em vós".

COLEÇÃO
Fonte de Inspiração
Francisco do Espírito Santo Neto
pelo espírito Hammed
Sol do Amanhecer
Francisco do Espírito Santo Neto
pelo espírito Hammed
Espelho d'Água
Francisco do Espírito Santo Neto
pelo espírito Hammed
Além do Horizonte
CITAÇÕES ILUMINADAS
REUNIDAS EM PEQUENOS
LIVROS DE CABECEIRA!
FRANCISCO DO ESPIRITO SANTO NETO
pelo espírito HAMMED
boa nova
ESCREVENDO UM
MUNDO MELHOR!